ONGUTO

Poeta

Chicamba

Grosvenor House
Publishing Limited

The right of Chicamba to be identified as the author of this
work has been asserted in accordance with Section 78
of the Copyright, Designs and Patents Act 1988

The book cover is copyright to Chicamba
Front cover photograph © Fabian Plock

This book is published by
Grosvenor House Publishing Ltd
Link House
140 The Broadway, Tolworth, Surrey, KT6 7HT.
www.grosvenorhousepublishing.co.uk

A CIP record for this book
is available from the British Library

ISBN 978-1-78623-485-8

CONTEÚDO

INTRODUÇÃO

Em 1994 o politico, escritor e poeta Chicamba, emigrou para Luanda a capital do seu país, onde também foi vendedor no ex-Mercado Roque Santeiro e vendedor nas ruas da cidade até 1997 quando deixou Angola para explorar o mundo. Ele publicou o seu primeiro livro na língua Inglesa, "ANGOLA Light of Poet" em 2014, seguida por "PENXÁ VIVER Poeta" em 2016, "LONDINDI Poeta" em 2017 e "Angola Hard Times 1" no final de 2017.

Contúdo, neste livro consta cinquenta e nove poesias que são da sua autória, o registro dos antepassados e a guerra civil vivida fez os filhos(a) de Angola esquecerem o proximo. Dr. António Agostinho Neto, no tempo colónial lastimava as suas dores em poesias que na sua grande ambição ditatorial o seu partido o MPLA o titulou-lhe como o primeiro presidente de Angola, a ditadura criou a fome, doenças e corrupções, falta de segurança e muito mais, que é parte da administração do MPLA que leva Angola ao abismo.

Portanto, a sua decisão foi colocar estes eventos em forma de poesias, para futuramente a nova geração possa refletir antes de mergulhar na corrupção...A história de tristeza e disgraça vem dos nossos antepassados antes do colono chegar e sair, Dr. Jonas Malheiro Savimbi, fundou a U.N.I.T.A (União Nacional para Independência Total de Angola), Dr. Holden Álvaro Roberto, fundou a F.N.L.A (Frente Nacional de Libertação de Angola) e o Dr. António Agostinho Neto, não fundou nada! Apenas foi um dos presidente do M.P.L.A (Movimento Popular de Libertação de Angola), o MPLA foi fundado pelos brancos e mistiços para proteger as suas riquezas em Angola que na qual o imperialista tinha a certeza de voltar um dia. Dr. António Agostinho Neto, nunca foi o primeiro presidente de Angola e do MPLA mas sim! O primeiro ditador angolano.

O politico, escritor e poeta Chicamba, vivi atrás da sua mitologia negra que nas línguas nativas, nos feitiços, nas artes de ferro, bronze, pratas, madeira, ouro e mais encontrou as riquezas de África infelizmente, o feitiço dos nossos antepassados não foi suficiente para impedir a chegada massiva dos invasores religiosos. Também os antepassados levaram todas as experiências vividas que talvez hoje aprenderiamos com eles, mas aprendemos na mistura de várias etnias onde cada um de nós tira as suas oportunidades nas descendências como por examplo; nas nacionalidades europeias... Infelizmente, a pele negra sofre dentro do seu próprio continente vítimas dos seus próprios irmãos e do mundo que na qual dedico este trabalho a pele negra vítima da própria sociedade e a sua inteligência por vezes não é aceite pelo mundo.

1

ÁFRICA Nº1

África África
África precisa
de ajuda

África seus filhos
negros voltaram
a ser vendidos

África porquê
África
porquê! Deus
vivemos no abismo

perguntam
em alguém
em África e negro

mais negro
filhos da vítima
d'África

que nunca pediu
ajuda
ajudam, ajudam

Ajudam me
minha África
africano

que ofereceu
suas terras
para familia
do Abrão
lembrão-se!

chamado para
ajudar os sonhos
de África em
mim

África precisa
de ajuda

que sei onde
está as árvores
da vida

onde África
continua chorar
e reza sem parar.

2

ÁFRICA N°2

Ó África eu choro
atráz
de ajuda que
preciso

ó África vejo as
árvores da
vida que viu
alguém ali

alguém viu
a África!

preciso de
ajuda

África precisa
de ajuda

que o procuro
ajuda da
vida nas suas
humilhações

CHICAMBA

ó África onde está
os corações
viventes

com livros
escondido das
raizes de África

o livro que
até hoje a
África procura
na melhor ajuda
financeira do novo
imperiastas

África precisa
de ajuda
sem ajuda no
africanismo.

3

ÁFRICA N°3

Ó África eu existo
para
pedir ajuda no
amor que recebo

as tristezas
tentam destruir
ambos você

nossos objectivos
longe de
África nas
mãos dos homens
dos imperiastas
financeiros

ó África preciso
de ajuda
nos objectivos
recebido

enganado no
acidente de
Deus com o

ocidente financeiros
que pagamos ple
mãe África

África com
coração leve
a espera da
biblia para perder
suas riquezas

meu coração
bom que todos
desejam dominar
além da guerra

Angola eu existo
para pedir ajuda

África precisa
de ajuda

sou existente
da vida bantu.

4

ÁFRICA N°4

África, ali tem
dissidentes
de Deus

aqui luto pelo
reconhecimento
da vida África

do amor na terra
que ninguém
deixa de fazer
o que amor diz...

África precisa
de ajuda

que ofrereceu
a terra consigo
dentro do coração

coração de
Angola que
continuou amar

a minha com as
existências das
ajudas nos
filhos de África.

5

ÁFRICA N°5

África precisa
de ajuda que
as igrejas
desejam dominar

com selos de
deuses no desejo
que crescemos
nas crenças

África precisa
de ajuda que
nunca rezam
por Deus

pelo dinheiro
as igrejas

África precisa
de ajuda que
aceitamos qualquer
coisa que
satisfaz nossos
estômagos

estômango que
nunca fica cheio
nunca satisfeito.

6

ÁFRICA N°6

África precisa
de ajuda por
causa de ajuda

dentro de
igrejas no
estômago rico
de África
viventes
da pobreza

África precisa
de ajuda na
porta do mundo

que Penxá Viver
é
bem vindo

vindo dissidente
de igrejas

Deus no livro
de África que
chora por
comida

infeliz de igrejas
que não é
centro de
trabalho de Deus.

7

ÁFRICA Nº7

África precisamos
de ajuda que
oferecemos tudo
que temos em nome
Deus

África precisa
de ajuda em
suas almas

seus corpos
e suas
riquezas são
negócios
religiosos

relógios profetas
irmão do
Lucifer que
tempo voa
com
Deus e nós.

8

27 DE MAIO 1977 N°1

Cabinda viu a
tristeza do 27 de
Maio

as flores negra
inocentes no
MPLA dos brancos

irmãos no abismo
do MPLA quando
espantaram-se ver os
brancos no MPLA

nosso passado
nossas flores
esquecido ao
coração do 27 de
Maio

onde estava o
Dos Santos…

o Cunene viu
a tristeza do 27
de Maio

eu vi com um ano
no espirito da
politica em África

o Neto acusado e
seu nome ficou
o culpado

o Neto sempre
culpado, não!
Angola.

9

27 DE MAIO 1977 N°2

Angola, não foi
o Neto o culpado
da guerra

sim! O Salazar
que ficou em
Angola dentro
MPLA

crianças na vida
politica, sim! Fomos
assassinado
no 27 de Maio

que o poeta Neto
ficou o culpado

ideas do Neto
ficou esquecido
pelo MPLA do
velho Dos Santos.

10

27 DE MAIO 1977 N°3

Neto trainado pelo
comunismo e sabia
do capitalismo um
dia, um dia morreu

Portugal venceu
outra vez Angola

Uíge conheceu
bem o Salazar
em Angola

séculos forçado
o Neto ficou
a vitima da vida

Malanje chorava
e não sabia o
que fazer, fazer...
esta nas mãos do
João Lourenço

fazer com os velho
desejos português

para proteger as
riquezas dos

seus filhos
brancos e mistiços

Iko Carreira
Lúcio Lara
Manuel Monteiro

e outros que a
história não diz
diz para não
espantar Angola.

11

27 DE MAIO 1977 N°4

Angola, África
meu universo
disgraçado
esquecido do
27 de Maio

acreditamos
em África

Neto pediu ajuda
na Lunda-Norte

Neto não
esperava
aquelas mortes
brutas

mas seu nome
ficou como
culpado no oleo
bruto da terra
culpado pelo

desejo da riqueza
em Angola

Kwanza-Sul
sabia do 27 de
Maio com a força
do comunismo.

12

27 DE MAIO 1977 N°5

Minhas artes
enterrado pelo
ministerio dos
caixões

Kwanza-Norte
queria fazer o
melhor funeral
do 27 de Maio

mas o comunismo
do MPLA não
aceitou

Huila queria
fazer o melhor
funeral para Neto
Savimbi e Roberto

o comunismo não
aceitou que
sem estudar o
Savimbi e Roberto

ficamos na sala
de aula com o

Neto, mas
sem
saber as causas
verdadeira da
sua morte
porquê MPLA!

Angola, ficou a
consciência do
comunismo

sem a consciência
do Neto, Savimbi
e Holden Roberto.

13

OS TERRENOS

No meu canto
de Angola
Malanje cultivei
o café,
no Zaire cultivei
a vida

no municipio
do Ambuila
cultivei o arroz
e feijão

no Zaire o ananas,
no Puri o cacao

Alto Cauale a
terra
ofereceu-mim
oléo de Palma

Angola, com os
labios doce
da terra

as riqueza que
poderiam

acabar com
nossa fome

no tropical e
húmido de África

África, tenho
a vida
relembrar
sempre do
relógio

no passeio
das plantações

sem minas
quando o
português formou
Angola.

14

O KOTA RANGOI N°1

Kota Rangoi
veio da guerra

veio o espirito
paisar na terra

para nascer e
ouvir o kota
Rangoi falar
da guerra

a guerra não
oferecia o feijão
com oléo de
palma

palmas levam o
MPLA na
saúdade
de saborear
na mata

não era eu,
era o kota

Rongoi a falar
da guerra

era o general
Higino Carneiro
relembrar as
malamba da guerra

era o general Zé
Maria
relembrar sua
memórias e
outros esquecido
pela história mas
porquê Angola…

para não ser
seguido, mas
sim!
Seguido são as
panelas de
barro da vida,

vida militar não
ofereceu
Angola pra eles.

15

O KOTA RANGOI N°2

Kota Rangoi
voltou com
êxito

mesmo êxito
esquecido pelo
MPLA

o êxito de alguns
filhos de Angola
nos braços familias,

não era eu,
era os kotas com
suas alegrias

filhos de Angola
de volta da guerra

ouvir os filhos
de Angola contar
as historia
da guerra

não era eu,
era chegado do

CHICAMBA

Kota Rangoi

vinha da guerra
que passou
pelo Ambriz

terra do sisal e
se falava a verdade
ou não
só Suco dismente.

16

O KOTA RANGOI N°3

Angola, não era eu
era os kotas
que viu Angola

na republica
esquecida
do
Nambuangongo

Nambuangongo

queria ser
república

a República
que levou vidas
dos contratado
do sul de Angola

Kota Rangoi
sabia bem
a história
que foi no Bengo
foi em Cabinda

CHICAMBA

foi em Cabo-Verde
foi São-Tomé e
Principe

continua o MPLA
com generais
militares mais
entrangeiros

como angolano
sem os nativos
vivido nas vidas
da terra.

17

A TRADIÇÃO Nº1

Angola não
consigo despedir
do Neto

Angola não
consigo despedir
do Savimbi

Angola não
consigo despedir
do Roberto

Angola não
consigo ver onde
foi a ultima
parada do Neto

Angola não
consigo ver onde
foi a ultima parada
do Savimbi

Angola não
consigo ver onde

foi a ultima
parada do Roberto

Angola, como
foi o ultimo
destino deles

eles, vindo do
15 de Janeiro
de 1975...
os verdadeiros
herói nacionais.

18

A TRADIÇÃO N°2

Angola não vimos o
ultimo
destino do Savimbi

Angola não vimos
o impacto do ultimo
destino do Roberto
Angola por vezes
melhor os remédios

tradicionais
porque tem o
segredo da terra

Angola viuvei o
Mandume, Ekuikui,
Ngola-kiluanje,

O'mbaka,
N'jinga-Mbandi

e outros esquecido
pela história
viuvei todos que
estou de luto até
hoje dona
Bernarda

CHICAMBA

viuvei a tradição
esquecida

depois de viuvar
vi bebidas e lutas no
garrafão de Angola.

19

O MPLA N°1

Angola, sou o
culpado por
apoiar o MPLA

Bengo sempre
a perder seus
municípios
depois de Luanda

o Bengo não
queria perder
Luanda

perguntam
ao Bonga de
onde veio Luanda

Angola, sou o
culpado por
apoiar o MPLA

sem opção tinha
que apoiar para viver.

20

O MPLA N°2

Angola, sou o
culpado por
apoiar o MPLA

e ouvir na radio,
televisão e jornais
que Dos Santos

Em dez anos
fez mais que
os português...

em séculos que
não sei quantos
anos são! São a
vida que
aceitei sim e como
acredito hoje que
jacaré voa

Angola sou o
culpado por
apoiar o MPLA
com Dos Santos

e seus assassinos
mergulhado na
crença do MPLA.

21

O MPLA N°3

Angola, sou o
culpado por
apoiar o MPLA

com a tradição
sem valor na
vida de Angola

Angola, sou o
culpado por
apoiar o MPLA

Angola, caimos
no abismo que
a feitiçaria por
vezes é a
solução

Angola, sou o
culpado por
apoiar o MPLA

no tempo da
BPV na minha
linda Benguela

no bairro das
Casas-Novas
minha terra da
sobrevivência.

22

O MPLA N°4

Angola, com o
amor d'Angola
mulembeira

saboreava o
meu tradicional
mufete
Angola, sou o

culpado por
apoiar o MPLA

MPLA com os
passáros filhos
de Angola

doentes e fugia
os remédios
da selva

porque a guerra
o contaminou
na guerra civil

civil sou com
rumo a cidade

CHICAMBA

alta fora da
realidade

que maravilha
as altas de casa
d'Angola de volta
no português.

23

AS ESTRELAS N°1

Angola, sou
seguidor das
estrelas quando
puxava rede em
Benguela

nas noites
na plantação
da vida com as estrelas
de Angola

Angola, estou a
seguir as estrelas

ainda sou o a
criança que
deseja saber
como foi
conquistada
independência
Rui Mingas

Angola, estou a
seguir as estrelas,

Rui Mingas dizia
sobre o MPLA
sem a UNITA
e FNLA.

24

AS ESTRELAS N°2

Angola, qual o Mês da
eleição
em 1975! Sem
eleição
presidêncial

dizem que o Neto
foi o primeiro
presidente
vocês acreditão!

sem eleição
somos chamado
de president...
não foi eu
Angola

foi o velho Neto

que o mesmo
nome
presidente o
matou

Savimbi queria
o mesmo nome

presidente e
sem consiguir...

consiguiu perder
a vida e de
outros da história

Angola, estou a
seguir as estrelas

acreditei nas
estrelas do dia
15 de Janeiro de
1975

sim! Rui Mingas
sou o Penxá Viver
com o preço
liberdade
de Deus

sim! Rui Mingas
sou a história que
faltou contar
sobre o Roberto,
Neto e Savimbi.

25

OS CINCO PLANETAS N°1

Angola, vivo
em um planeta
que dentro tem
cinco planetas

com um só
planeta feliz
e sorridentes

Angola, vivo
num só planeta

que já havia
apaixanado
por ela

ela a mulher
e mãe de Africa
mãe de todos
povos, raças e
culturais.

26

OS CINCO PLANETAS N°2

Angola, sou
feliz por pertencer
a terra

ainda acusada de
violento em África

Angola, aceitei
o oferta humana

que vai o dia e
vem a noite
sempre
necessitado de
África

o mesmo
necessitado

vivo pobre com
educação nos
propósito
de Deus

nas noite dos
humanos perfeito.

27

OS CINCO PLANETAS N°3

Sou os cincos
planetas
necessitado
do planeta no
contrário da
vida na terra

que ninguém

tem
a força do petróleo

sou os cincos
planetas...

tenho algo que
a vida não tem
e ninguém tem
força da vida

África deseja
receber-mim a
vida
ao mundo deseja
receber-mim
fé de Deus

que não o
conheço

Fé, a droga de
Deus a encontrei
na humilhação

da vida em
Angola.

28

SOU BENGUELENSE Nº1

Meu bairro nas
Casas-Novas

Camundá a
bela vida na
infância

eu via bela
vida escondida
na infância

não era eu
era a infância

no bairro do
Mundo-Bar ao lado
do Chafaris

onde a dona
Bernarda enchia o
seu barril
com água

era eu dentro
vida no
Mundo-Bar

que a vida
militar levou
sem deixar nada.

29

SOU BENGUELENSE N°2

Angola
não era eu
era a importância
da água
na falta dela

era vidas ser
enterrado
no 28 ao olhar
o velho
Jinguoluti de baixo

não era eu,
era a vida na

infância dela
na corrente do
rio Curins com
destino ao
Casseque ao mar

o mar bebedo
com água doce
água doce
movia o mar
correntes

que vias várias
vezes no
mergulho
dentro da
ponte-kaxi
dentro dela.

30

SOU BENGUELENSE N°3

Sou testemunho
da guerra

vem conhecer
a Angola
a vida dentro
da Calomanga

calomanga
eu sou
testemunha
da Tintas Cini

vidas perdidas
atráz do barril
que muito
queriam pegar

pegaram as vidas
tirada de Angola
estava dentro
da fábrica

Angola
Angola
vimos grande
explosão

CHICAMBA

vidas perdidas na
amiga infâncias

inocentes levado
pela guerra
filhos de Angola.

31

SOU BENGUELENSE N°4

A guerra levou
Angola
vivo estou com
a história

encarnado com
com a real
história, não!
Aquela que o

MPLA conta

que não sei como
começou e
nem onde terminar

terminou quando
fomos esquecido
pelo MPLA

com dividas
para novas
gerações
pagarém
esquecido nas
ruas de Angola

restava
mastigar
a vida.

32

SOU BENGUELENSE N°5

Angola, vivo
no cansaço
dos cem anos

a idade que o
Neto, Holden e
Savimbi desejam

cobriram Angola
com sangue

Angola foi o
rio do
petroléo que
tens

foi o rio que
rebentou
com a infâncias

não sou eu
que rebentou

foi a guerra
que rebentou
com Neto
Holden e Savimbi

CHICAMBA

e deixarão-nós
nas mãos do
Dos Santos

o unico que
ainda
controla Angola.

33

LUBITO N°1

No Lubito estou
no mar

na Catubela sou
a maquina
que mastigava
cana-de-açúcar

sou nadador

no mar de
sangue

por ser da UNITA
mais sou d'Angola

no mar de
sangue quando
esperava a vida

a vida da Esprança
minha
vida no Lubito
cheguei na
restinga
minha vida

continuo na
historia da vida

com o sol ardente
de Angola

o Lubito que
desejava
estatuto de
província

o Lubito desejava
desligar-se
de Benguela…

34

LUBITO N°2

Lubito, sua vida
também é nossa

sua liberdade
também queremos

províncias
desejão seus
estatutos

por causa do
contratos
colónias não
abolido em
1885
Angola, ainda
não somos uma
nação

de Cabinda ao
Cunene
pelas as suas

riquezas a velha
corrupção nos
consome

CHICAMBA

porquê Angola
pelo estatuto
de província

se os municipios
são parte dela...

35

LUBITO N°3

Luto pela minha
liberdade

que a guerra
tirou no social do
MPLA

com problemas
regionais
de África

nosso sonho
banhado
de dívidas

dívidas que nova
criança irá
de pagar

na terra tem
muitas riquezas

com destino pelo
mundo eu via

CHICAMBA

eu fui entregue
ao mundo

no porto do
Lubito rumo
a Luanda.

36
AS PRAIAS N°1

Praia morena
baia-azul

sou filho de
Angola na praia
do santo-antónio

caota e caotinha
abraça me Angola

minha África
minha terra
sofredora

praia da restinga
e meu pequeno
brasil

brazil e a ilha
de Luanda

mussulo acredita
a dona Bernarda é filha
mãe de África

37

AS PRAIAS N°2

Perguntam Angola
minha terra
das nossas praias

as praias faziam
esquecer a guerra

que por vezes
as dores da guerra
não afetava os
espirito da infância

as dores da guerra
concerteza
digo concerteza!
a terra confirma

a terra pertence
aos homens eu
sei

eu confirmo que
foi Deus quem
ofereceu

CHICAMBA

quando temos
que partir
partir ao lado
dele

partir ao lado
de Deus eu já
estou
espiritualmente

mergulhado
nas praias de
Angola.

38

O PEITO N°1

Angola, corria
rumo a baia-azul

para não perder
os belos mergulhos
com os amigos

amigos da vida

vindo do mundo
nos mergulhos
da vida

quando segurei
no meu lado
esquerdo do peito

percebi o peito
dizer

quem é você
vou te deixar

não! Não
abandona-mim
ó meu lado
esquerdo peito.

39

O PEITO Nº2

Angola, o peito
dizia estou
cansaçado
de você

quero paz, e a
mesma paz que
a procuro no peito
d'Angola

meu lado
esquerdo
peito eu
te amo

preciso de você,
ainda não tenho
mil anos

quero passar a
idade do
Matusalém

quero suspirar

sempre com
você
meu lado
esquerdo
do peito

espera me
meu lado
esquerdo
do peito.

40

O PEITO N°3

Angola meu
peito de Jesus
milionário na
cultura do MPLA

Angola meu lado
esquerdo do
peito batia forte

batia forte no
ver o verde

da floresta ser
destruido

o vermelho
do sangue no
chão
mais o dolar
é verde

verde e verde
igual a comida
da vaca

mas os bois
milionárias com

CHICAMBA

todas as cores verde
em seus bolsos

que o velho João
Lourenço
Lourenço!

tenta plantar de
volta no campo e
ruas d'Angola

Angola ser

uma
cidade verde

mas é! Mas é
uma cidade alta
transformado
preto de África

que resta chorar
a diferença social
que ajuelhei

e pedi a Deus
para cuidar
do meu lado
esquerdo do
peito

peito ingrato fora
de Benguela

eu estou e chora
pela dor d'terra.

41

PORTA-AMBOIM N°1

Angola,
os pára-brisas
recusavam-se
mover na
descida da vida

os pára-choques
e parafusos em
fuga na descida
do Porta-Amboim

Porta-Amboim
em tempo
chuvoso com
uma bela vista

que a guerra não
conseguiu consumir

mas tirou no
meu olhar
meu olhar segurou
no peito
que percebi o peito

dizer pela
primeira vez eu
te amo

também te amo
meu peito
angolana.

42

PORTA-AMBOIM N°2

Estou apaixonado
por você meu
peito d'Angola

não quero
perder a bela
beleza vida

do Porta-Amboim
para chegar em
Luanda

meu peito
luandão já estou

em Luanda
obrigado
Porta-Amboim
por deixar-mim
passar

nas curvas
de Luanda
ficou o amor
de África

com a guerra
afugentar os
filhos do universo.

43

AS MATAS Nº1

Angola estamos
nas matas da
fome que acreditei
na mudança

viagens nos cantos
do planeta ao ver

os direitos familiares
perdidos

Angola a terra
ainda é uma mata

a luta vai
continuar até
fora da terra

nas veias viva
com força do
sangue atráz do
sangue de alguém

alguém que
desejou ver o meu
sangue derramado

nos braços do
planeta d'Angola.

44

AS MATAS N°2

Angola as matas
da fome eu vi Deus

nos dia em vivemos
aos cuidado dela

a força que a
vida ofereceu a
mesma força

força herdado
pela geração
que controla
Angola

Angola eles ganharam
a guerra nas matas,

sem saber que
os mesmos
vencedores
sofredores são
angolano

Angola com qual
países no planeta
nós lutamos!

Angola nas
matas da fome
sou pisado
por vender
nas ruas.

45

AS MATAS N°3

Sou pisado por
falar mal as linguas
bantús
sou desejado
preso mental

sou as linguas
bantús sem
valores
as linguas bantús
morreu nas matas
comigo

contigo no cheiro
da vida no coração
do amor

comigo o planeta
viu uma mata nas
matas do Ambriz
nossa terra

enterrou a terra
cheio de vida no
céu
no seio d'Angola.

46

AS MATAS N°4

Angola via
estrelas com
saúde na mata,

onde foi as
residência
dos militares
angolano

foi a residência
das musicas de
África

foi a residência
no coração do
Jacinto Tchipa

Jacinto Tchipa
vindo da mata
que consumia
minha fome

Angola, o planeta
é uma mata onde
cada um usa e
abusa sua força

que derrotou
Savimbi

mas Savimbi
conhecia bem
as matas
d'Angola

as matas da
vida ingrata

que saiu do
Savimbi, Roberto
e Neto em 15 de
Janeiro de 1975

contigo no Deus
divino ao seu lado
de Angola.

47

FALO SOZINHO N°1

Falava sozinho
nas ruas d'vida
falava sozinho
na vida d'Angola
falava sozinho

porquê Angola!
falava sozinho
Angola não era
eu mais sim a fome

não sou maluco
sim sou sozinho

falava sozinho
da guerra que
distanciou Deus
da sua criatura

Deus já avia
afastado o Adão

o Adão bantu fora
dos seus planos

Adão bantu fora
de Angola
bantu o procuro
no altar perfeito

sozinho na terra
na terra falava
sozinho da vida
cheio de supresa.

48

FALO SOZINHO N°2

Angola, as supresa
afectou a maravilha
terra de Caxito onde
Deus viu o Neto

inserido o Neto nos
seus planos bantu

inserido o Savimbi
nos seus planos
bantu

inserido o Roberto
nos seus planos
bantu

falamos sozinho
por causa d'guerra
não somos
maluco Angola

ninguém é
maluco Angola

foi a guerra do
tempo com a

CHICAMBA

lingua
portguesa a
minha
cultura oficial

hoje vazio estamos
nas linguas de África
mãe África.

49

FALO SOZINHO N°3

Angola somos
forçado a falar
sozinha na zunga
de África

falava sozinho
ver os filhos de
Angola sozinho

falava sozinho
ver os filhos de
Deus ao abismo

falava sozinho e
ignorada pela vida
dificil na propria
terra Angola

foi a guerra que
por véz obrigava
ir combater

foi Angola que
por vézes
esqueceu seus
filhos nas matas

CHICAMBA

foi a natureza
que por vezes
a sua gentileza
custa caro

foi Deus que
fala sozinho
nas malambas
da vida.

50

A CARA DO PAI Nº1

Ele é a cara do pai
ela é a cara do pai
Angola...

ele é parecido com
o pai Angola

ela procura saber
quem é seu pai
que a guerra
consumiu

ele é a cara do pai
ela é a cara do pai
ver alguns de volta
da guerra vivos

eles mutilados nas
ruas

ela tinha que o
esquecer por
não conhecer

o pai tinha passar
por não conhecer

CHICAMBA

os filho d'Angola

ele a procura outra
parte do membro

membros pilastico
para o subistituido
pelos cubanos

subistituido por
outro pai

Angola ele é a
cara do pai
ela é a cara do pai.

51

A CARA DO PAI N°2

Angola onde esta
o sálario do pai na
posição do regime

ficou o petróleo
distante do sentido
angolano

ficou o angolano
palopés
ele é a cara do pai
ela é a cara do pai

que pena de
quem tinha a
mulher gravida

alguns pai nunca
tiveram a honra
de ver o rosto
dos seus filhos

a honra da vida

a honra da guerra
foi mais forte

CHICAMBA

forte continua
o regime fazer
desaparecer
seus filhos

e porquê
Angola!

52

A CARA DO PAI N°3

Filhos crescem
a espera da
história do seu
pai

a verdadeira
história que a
familia tem a
recordar

tem a recordar
quem foi seu pai

quando bate
aquela saudade
da vida que da
Cunha aceitou

Angola aceitei
porque preciso
da ajuda do pai

ajuda vida que
Angola chora
chora ver a diva
Ary a procura dos
pais

pais do mundo e
pais que não
voltaram d'guerra
para pensão dos
seus filhos

pais vivo da paz
no amor atrás da
mata
ele é a cara do pai
ela é a cara do pai
atrás do pai...

53

AS ESTRADAS N°1

Angola vimos
carros queimados
nas estrada

pessoas
queimadas nas
estradas

a morte bruta
na guerra nós
vimos na infância

universo
pergunta Angola
que tem muitos
aos dizeres

deixei Angola
fisicamente

com a minha
viajem nos
canto do universo

o universo sinto
dentro de mim
de mim

CHICAMBA

as dores no
trabalho de
ajudante
nas estradas
do mundo

mundo
pergunta Angola
que tem muitos
aos dizeres.

54

AS ESTRADAS N°2

Angola os trabalhos
forçado
na vida inocente
das criança
africana

do trabalho
forçado que

fiz na vida com
as tristeza da terra

universo
pergunta Angola
que tem muitos
aos dizeres

nas auto-estrada
do mundo
acompanhado
com
as musicas
angolana

Elias Dya Kimuezu
Rui Mingas

Filipe Mukenga
Divid Zé

Teta Lando
Jacinto Tchipa
Beto de Almeida
e outros que
a história não
diz

com grandes
amor pela Angola

pergunta Angola!
que tem muitos
aos dizeres quem
foram eles...

55

AS ESTRADAS N°3

Angola amor
a terra fez-mim
chorar

pelo transtorno
partidários

partidários
perguntam me
que tenho
muitos aos
dizeres
a viajem com
o cheiro de
vidas perdidas

que os espirito
assistiam me
ao girar me
respirar-mim
a natureza
nas esquina do
Huambo

Huambo,
pergunta ao

Rui Mingas
que tem muitos
aos dizeres
em Angola

dizeres aos preço
da liberdade
que estamos
e vamos pagar
na morgue
da terra...

56

ROUBAR N°1

Melhor roubar
nos pobres

as artes
crescente de
governos
no poder

melhor roubar
nos pobres
as praticas da
terra

as artes viu os
crocodilos a
caminho da China

melhor roubar
nos pobres
a arte perfeita

perfeita terra
forçada praticar
o sangrento

vicio dos homens
que faz o planeta
feliz

fez me roubar
a vida, fez-mim
fugir da vida

fez a minha
necessidade.

57

ROUBAR N°2

Vale a pena roubar,
roubar não Angola

roubar é uma arte
biblica do planeta

roubar! Os viventes
fazem parte destas
artes

está maravilha
artes sustenta o

seu seio planeta
educado

artesanato do
sangue com vida

com sangue
de alguém que
tenta a sorte

investe na propria
vida da terra
Angola!

CHICAMBA

o certo virou
   errado

errado virou
   certo
   na vida
sangrenta do
   planeta.

58

ROUBAR N°3

Universo aprecia
os homens com
artes de roubar

Angola não
aconselho-lhe
mal, mais
por vezes o
melhor é roubar

muitos sustentam
suas familia com
arte biblica no
seio sem força
do regime

melhor é roubar
no pobre que já
está desgraçado

melhor é roubar
a quem não
tem nada

Deus permite
Deus aceita
na fisica
sangrento e
não doi a terra.

59

ROUBAR N°4

Angola não
tenta roubar no
rico que as
suas as influências
o condenará

Angola não
tenta roubar o
taxa de um
governo
que as suas
influência
te condena

os governos
condena com

suas influências
do poder na
artes publica

as riquezas de
África continua
ir-se nas mãos
do colono

minhas riquezas
ficou com a biblia

ficou o alcorão,
veio o buda nas
mentes amantes
da fome africana

África com os
olhos fechado
rezar a fome

que acordou-mim
as artes de roubar
no africanismos.

AGRADECIMENTO

Primeiramente, agredeço ao meu Deus nativo por todos os milagres acontecidos e os próximos da minha vida. Obrigado aos meus famíliares e amigos que directa ou indirectamente, ajudaram-me a completar mais uma jornada do meu quinto livro. Forte agradecimento aos heróis nacionais do meu país, Angola que não tem papel suficiente para descrever os nomes de todos e também os heróis internacionais que contribuíram pela revolução da pele negra no mundo.

A universidade, The Open University pelos livros que estudei e serviram de inspiração para escrever os meus próprios livros. E percebi como é a vida literária ao ler vários poemas que formaram a história da humanidade especialmente, os poemas do nosso poeta Dr. António Agostinho Neto. Agradeço especialmente o reino unido, meu segundo país e as publicadoras por terém tornado os meus sonhos realidade; mesmo com as dificuldade da vida os livros estão disponíveis ao público.

carissimo(a) leitor(a), Deus sempre olhou e como tem sempre olhado para realizarmos os nossos sonhos, e termino com as minhas sinceras, poucas e lindas palavras que na qual desejo ao nosso planeta saúde, paz, segurança, educação e amor, especialmente para Angola o meu berço.

REFERÊNCIA

www.club-k.net, www.angonoticias.com, www.angola24horas. com, www.makaangola.com e www.journalangolense.com

http://www.cphrc.org/index.php/documents/colonialwars/ docang/85-1975-01-15-alvor-agreement-on-the-independence-of-angola

http://www.prweb.com/releases/2015/AngolaLightofPoet/ prweb12473230.htm

http://www.globalsecurityorg/military/world/war/angola.htm

Prescott L. (Ed) (2010) *"The Voices and Texts of Authority"* (AA100 Book 04) The Open University Milton Keynes, MK7 6AA, United Kingdom.

Moohan E. (Ed) (2008) *"Reputation"* (AA100 Book01), The Open University Milton Keynes, MK7 6AA, United Kingdom.

Price C. (Ed) (2008) *"Tradition and Dissent"*, (AA100 Book 02) The Open University Milton

Keynes, MK7 6AA, United Kingdom.

Brown, D. R (Ed) (2008) *"Culture Encounters"* (AA100 Book 03), The Open University Milton Keynes, MK7 6AA, United Kingdom.

Moohan E. (Ed) (2008) *"Place and Leisure"* (AA100 Book 04) The Open University Milton Keynes, MK7 6AA, United Kingdom

O'Connor, J. (Ed) (2003) Doctor Faustus, Pearson Education Limited, Edinburgh Gate Harlow Essex, CM20 2JE.

Muldoon, P. (Ed) (2010) The Faber Book of Beats, contemporary Irish poetry lord Byron; selected poems.

The Holy Bible, Today's new International version

New Revised Standard Version Bible, copyright 1989, Division of Christian Education of the National Council of Churches of Christ in the United States of America.

Carreiro, I. (Ed) (2005) Memoria, Editorial Nzila, Ltd. Rua Ndunduma, 308 – 2° Caixa Postal 3462 Luanda-Angola.

"http://www.wikipedia.com/"wikipedia.com

http://africasacountry.com/2013/01/25/the-story about-the-daughter-of-angolas-lo...

Marques, R, (Ed) (2011) Diamantes De Sangue. Corrupção e Turtura em Angola, Tintas-da-China.

Chicamba João, M, D, (Ed) (2014) Angola Light of Poet, Pulicadora Xlibris.

Chicamba João, M, D, (Ed) (2016) Penxá Viver Poeta, Publicadora Grosvenor House Publishing Ltd.

Chicamba João, M, D, (Ed) (2017) Londindi Poeta, Publicadora Grosvenor House Publishing Ltd.

Chicamba João, M, D, (Ed) (2017) Angola Hard Times 1, Publicadora Grosvenor House Publishing Ltd.

www.ingramcontent.com/pod-product-compliance
Lightning Source LLC
Chambersburg PA
CBHW051840040426
42447CB00006B/624